Sobre la energía

Energía renovable

Raintree

© 2008 Raintree
Published by Raintree,
an imprint of Capstone Global Library, LLC
Chicago, IL

For information, address the publisher:
Raintree, 1 N. LaSalle, Suite 1800, Chicago, IL 60602

Translation into Spanish produced by DoubleOPublishing Services
Printed in the United States of America in North
Mankato, Minnesota.   042013   007309RP

Library of Congress Cataloging-in-Publication Data

Saunders, N. (Nigel)
  [Energy essesntials. Renewable energy. Spanish]
  Energía renovable / Nigel Saunders and Steven Chapman.
    p. cm. -- (Sobre le anergía)
  Includes index.
  ISBN 978-1-4109-3185-6 (hb) -- ISBN 978-1-4109-3189-4 (pb)
  1. Renewable energy sources--Juvenile literature. I. Chapman, Steven. II. Title.
  TJ808.S2818 2008
  333.79'4--dc22

                                    2007047915

Acknowledgments

p.4/5, Science Photo Library/David Hay Jones; p.4, Science Photo Library; p.5, (top) Corbis; p.5, (mid) Science Photo Library/ Sinclair Stammers, (bottom) Rex Features; p.6, Alamy Images; p.6, (bottom) Science Photo Library/ Kenneth W. Fink; p.7, Photodisc; p.8/9, Rex Features; p.8, Corbis; p.9, Getty Images; pp.10/11, Corbis; p.10, Getty Images; p.11, Science Photo Library; p.12, (top) Corbis; p.12 (bottom) Science Photo Library; p.13 Science Photo Library; p.14 (top) Corbis; p.14 (bottom) Photodisc; p.15, Corbis; p.16, (top) Corbis; p.16, (bottom) Science Photo Library; p.17, Corbis; p.18 (top) Science Photo Library; p.18 (bottom) Corbis; p.19, Rex Features; p.20, Images/Imagebank; p.21 Photodisc (top, mid and bottom); pp.22/23, Science Photo Library/ Alexis Rosenfeld; p.23, Alamy Images; pp.24/25 Getty Images/ Imagebank; p.24 Oxford Scientific Films; p.25, Science photo Library/Burlington Electric Department/NREL/US Department of Energy; pp.26/27, Ecoscene; p.26, Corbis; p.27, Science Photo Library/Prof. David Hall; p.28 (top) Corbis; p.28 (bottom) Rex Features; p.29, Action Plus; pp. 30/31, Photodisc; p.30 and 31, Science Photo Library; p.32 (top and bottom) Science Photo Library/Martin Bond; p.33, Science Photo Library/Martin Bond; p.34 (top and bottom) Corbis; p.35, Corbis/ Hubert Stadler; pp.36/37, Oxford Scientific Films; p.36, The Photolibrary Wales; p.37, Science Photo Library/Bernard Edmaier; p.38, Science Photo Library/Martin Bond; p.39, Rex Features; p.40 (right) Corbis; p.40 (left) Science Photo Library; p.41, Science Photo Library/Martin Bond; p.42, Science Photo Library/Colin Cuthbert; p.43, Science photo Library/Chris Knapton; pp.44/45, Science Photo Library.

Cover photograph of solar panels reproduced with permission of Robert Harding Picture Library

Contenido

Todas las palabras del texto que aparecen en negrita, **como éstas**, se explican en el Glosario. También puedes buscarlas en el Almacén de palabras al final de cada página.

¿Qué es la energía?

James Joule

La energía se mide en unidades llamadas julios. Un julio (J) produce energía suficiente para hacer funcionar una bombilla por un sexagésimo de segundo. El julio recibe su nombre del científico británico James Joule (arriba).

La **energía** es la capacidad de realizar trabajo. Es la energía lo que te permite levantarte por las mañanas, vestirte y caminar a la escuela.

La energía se presenta en diversas formas. El sol nos da energía calorífica y lumínica. Un automóvil posee energía química almacenada en su combustible. La energía del movimiento del viento es lo que permite que los molinos giren.

▲ Las centrales **hidroeléctricas** utilizan la energía del agua en movimiento para generar electricidad.

Almacén de palabras

energía   capacidad de realizar trabajo. La luz, el calor y la electricidad son tipos de energía.

Recursos energéticos

Se denomina **recurso energético** a todo aquello que almacena o proporciona energía. Los **combustibles fósiles** como el carbón, el petróleo y el gas natural almacenan energía. Cuando se queman en **centrales de energía**, esta energía se transforma en energía eléctrica.

Los combustibles fósiles se están consumiendo con mucha rapidez. Cuando se acaben, se habrán agotado para siempre. Son recursos energéticos **no renovables**. Este libro examina las formas de energía que no se agotarán. Éstas se denominan recursos energéticos **renovables**.

Luego descubrirás...

. . . cómo cocinar los alimentos de forma gratuita con energía solar.

. . . de dónde proviene la energía que necesitan los seres vivos.

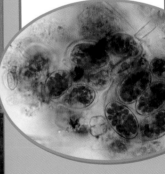

. . . de qué manera se puede utilizar la energía de la luna sin estar allí.

renovable   no se agotará y puede reemplazarse

Energía no renovable

Los principales **recursos energéticos no renovables** son el carbón, el petróleo y el gas natural. Estos se llaman **combustibles fósiles**. Están compuestos de los restos **fosilizados** de seres vivos que murieron hace millones de años.

Formación del carbón

Hace aproximadamente 300 millones de años, gran parte de la Tierra estaba cubierta por gigantescos bosques pantanosos. Cuando los árboles murieron, los pantanos impidieron que se descompusieran. Se acumularon gruesas capas de plantas muertas que se cubrieron con lodo y arena. Luego de millones de años, estos árboles se fueron convirtiendo poco a poco en carbón.

Quemar el carbón

El carbón se compone de carbono. El carbono produce mucha energía al quemarse. Produce un tercio de la electricidad mundial. Sin embargo, sólo queda suficiente carbón para otros 400 años.

▼ El carbón se formó con los árboles que crecieron en lugares pantanosos como éste.

Almacén de palabras no renovable   algo que va a agotarse algún día y que no se puede reemplazar

Petróleo y gas natural

El petróleo y el gas natural provienen de los cuerpos de diminutas criaturas marinas que murieron hace más de 100 millones de años. Cuando estos seres vivos murieron, se hundieron en el fondo del mar. Las criaturas se cubrieron lentamente con capas de lodo y arena. Después de muchos años, se convirtieron en petróleo y gas. Luego, el lodo y la arena se convirtieron en roca y las atraparon bajo tierra.

El petróleo se utiliza principalmente para hacer funcionar cosas como automóviles y aviones. Probablemente sólo quede suficiente petróleo para unos 40 años más.

Perforación para extraer petróleo

Las compañías petroleras deben perforar la roca para llegar al petróleo y al gas atrapados. La siguiente plataforma petrolera extrae petróleo del mar del Norte.

combustible fósil   combustible que proviene de los restos de plantas y animales fosilizados

Petróleo de Alaska

El oleoducto Trans-Alaska (arriba) transporta petróleo desde Alaska. Transporta suficiente petróleo para abastecer a los Estados Unidos de casi un quinto de su petróleo.

▶ Cuando hay escasez de petróleo a nivel mundial, las personas deben hacer cola para llenar un contenedor con gasolina.

Agotamiento

Sabemos que algún día se agotarán los **combustibles fósiles**. Pero se pueden hacer ciertas cosas para que duren más.

Aumento del costo

Cuando algo comienza a agotarse, su precio sube. A medida que sube el precio del carbón, del petróleo y del gas natural, se excavará con mayor profundidad y se hará todo lo posible para encontrarlo. Las minas de carbón y los yacimientos petrolíferos, cuyo uso es hoy muy costoso, deberán abrirse en un futuro. Esto permitirá que los combustibles fósiles duren un poco más.

Rendimiento energético

Debemos prolongar la duración de los combustibles fósiles. Podemos hacerlo al utilizarlos con mayor moderación. Los automóviles modernos están diseñados para que consuman menos combustible y para que produzcan menos **contaminación**. Las nuevas **centrales de energía** también son más **eficientes** y utilizan menos combustible para generar la misma cantidad de electricidad. Todo lo que derroche electricidad también derrocha combustible.

Ahorro de luz

Las bombillas de bajo consumo (izquierda) gastan menos electricidad que las bombillas comunes. Emiten menos energía como calor desperdiciado. Además, duran más tiempo.

Contaminación

Cuando se queman los **combustibles fósiles**, liberan gases peligrosos al aire. Esto daña el **medio ambiente** de diversas maneras. Dos de estos gases peligrosos son el dióxido sulfúrico y el dióxido de carbono.

Lluvia ácida

El dióxido sulfúrico se mezcla con el **vapor de agua** que hay en el aire para formar un ácido sulfúrico diluido. Esto cae a la tierra en forma de lluvia. Se denomina **lluvia ácida**. La lluvia ácida daña las construcciones, mata árboles y plantas, y afecta la vida de ríos y lagos.

Bosques en vías de extinción

Estos árboles de la República Checa (debajo) murieron a causa de la lluvia ácida. La lluvia ácida arrasa importantes **minerales** presentes en el suelo antes de que los árboles puedan absorberlos.

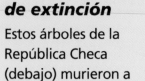

mineral   sustancia que necesitan las plantas y los animales para mantenerse saludables

El efecto invernadero

Algunos de los gases de la **atmósfera** atrapan la **energía** calorífica del sol. Esto hace que la tierra se mantenga caliente, de la misma manera que el vidrio de un invernadero mantiene calientes a las plantas. Esto se llama efecto invernadero.

El dióxido de carbono es un gas de invernadero. La cantidad de dióxido de carbono de la atmósfera ha aumentado en el transcurso de los últimos 300 años. Durante este tiempo, también aumentó la temperatura de la Tierra. Este proceso se denomina **calentamiento global.** A medida que aumenta el calentamiento global, cambia el clima de todo el mundo.

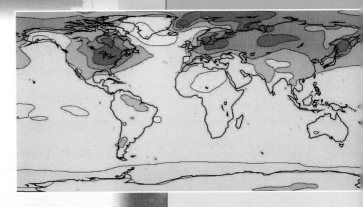

Calentamiento

En el mapa de arriba se puede ver la cifra a la que aumentaría la temperatura durante los inviernos en el hemisferio norte si se duplicara la cantidad de dióxido de carbono en la atmósfera. Las áreas marcadas en rojo serían 50 °F (10 °C) más calurosas que ahora.

◄ Esta calle de la ciudad de México está llena de tráfico durante la hora pico de la mañana. Los gases que despiden los motores de los vehículos provocan un *smog* espeso y nocivo.

efecto invernadero   efecto por el cual la atmósfera se mantiene caliente al atrapar el calor

Recursos energéticos renovables

Debemos dejar de utilizar tantos **recursos energéticos no renovables**. Afortunadamente, hay varios tipos de recursos **energéticos renovables** que podemos utilizar en su lugar.

Hay cinco recursos energéticos renovables principales. Estos son:

- la luz solar
- el calor del sol
- la **energía química** almacenada en los seres vivos
- la energía del aire en movimiento
- la energía del agua en movimiento

Los primeros molinos de viento

Los molinos de viento utilizan la **energía cinética** del viento. Este molino holandés (arriba) se utilizaba para bombear agua.

▶ Este horno **solar** en Francia utiliza 9,500 espejos para **concentrar** el calor del sol en la torre de la derecha. Se puede generar electricidad a partir de este calor.

Almacén de palabras   energía cinética   energía de los objetos en movimiento

Beneficios de los recursos energéticos renovables

• Pueden hallarse en todo el mundo.

• Producen muy poca **contaminación** y los **costos de funcionamiento** son bajos.

• Utilizar recursos energéticos renovables significa que el petróleo puede utilizarse para fabricar plásticos y otros objetos útiles.

• Nunca se agotarán.

Problemas con los recursos energéticos renovables

• No siempre son confiables. Se puede obtener electricidad a partir de granjas eólicas únicamente en un día ventoso. Durante la noche no se puede obtener energía solar.

• Varios de los equipos necesarios son muy costosos.

Granjas eólicas

Los molinos de las **granjas eólicas** transforman la energía cinética del viento en energía eléctrica. Estas granjas eólicas de California (debajo) proveen electricidad suficiente para 100,000 hogares.

Energía solar

El sol es una enorme bola de gases calientes. El sol libera enormes cantidades de **energía**, como calor y luz. Sin la energía calorífica y lumínica, nuestro planeta sería helado y sin vida.

El sol es un enorme **recurso energético**. La luz del sol que cae sobre los Estados Unidos en un día representa más del doble del consumo de energía del país en un año. Pero, ¿cómo podemos capturar y utilizar esta energía?

El poderoso sol

La cantidad de energía que libera el sol (derecha) es cien mil millardos de veces mayor que la central de energía a carbón más grande de Europa (arriba).

Capturar calor

A menudo, los edificios se calientan en un día soleado gracias a un proceso llamado calentamiento **solar pasivo**. El sol calienta un edificio a través del techo, las paredes y las ventanas. No se necesita ayuda adicional para calentar la casa.

Los edificios que miran hacia el sol durante el mediodía captarán mucho calor solar. Se puede captar aún más calor si se pintan las paredes de negro. Esto se debe a que las superficies negras son muy efectivas para **absorber** la energía calorífica.

Calor reflectante

En las partes más calurosas del mundo, las personas no desean que el sol caliente demasiado sus casas. Por lo tanto, pintan sus edificios de blanco (abajo). Los colores claros reflectan la energía calorífica y mantienen más frescas las casas.

Agua caliente del sol

En lugares donde hay mucho sol, se puede calentar agua mediante la **energía solar**. Esto se hace al colocar una caja llamada colector solar sobre el techo de una casa.

El colector solar tiene tres capas. La primera es una capa transparente que permite el paso de los rayos solares. La capa inferior se pinta de negro para que **absorba** tanto calor como sea posible. Entre estas dos capas hay caños llenos de agua. El agua se calienta por la acción del calor del sol.

Hornos solares

Éste es un horno solar en Kenia (abajo). Las láminas brillantes **reflectan** los rayos solares en el horno, donde el calor cocina los alimentos.

▼ Esta casa en Australia cuenta con un sistema de calentamiento solar de agua sobre el techo. Calienta el agua para las bañeras y las duchas.

reflectar   reflejar luz

Electricidad solar

También puedes utilizar la energía calorífica del sol para generar electricidad. En las **centrales de energía** solar, una gran cantidad de espejos **concentran** los rayos del sol en tubos de agua. Los espejos pueden moverse y seguir el trayecto del sol.

La energía calorífica del sol se utiliza para hervir agua. De esta manera, se obtiene el vapor que acciona un **generador**, el cual produce electricidad.

Espejos solares

Este hombre (izquierda) controla los espejos de una central de energía solar en el desierto de Mojave, California.

Usar la energía lumínica solar

La **energía** lumínica que proviene del sol puede convertirse en electricidad mediante células **solares**. Algunas calculadoras tienen una pequeña célula solar al frente. Las células solares más grandes pueden **absorber** suficiente energía lumínica para hacer funcionar máquinas más grandes.

Usar células solares

Las células solares también son útiles en lugares que no cuentan con suministro eléctrico. En algunos lugares, las células solares hacen funcionar señales de tránsito y teléfonos públicos. Asimismo, las células solares son particularmente útiles cuando resulta imposible obtener electricidad.

Una célula solar

Ésta es una célula solar. Está compuesta de los mismos tipos de materiales que se utilizan para fabricar chips de computadora.

▶ Los **satélites**, como éste (derecha), utilizan grandes paneles de células solares para convertir la energía lumínica solar en electricidad.

satélite   objeto que gira alrededor de un planeta

Beneficios de la energía solar

- El uso de la energía solar no causa **contaminación**.
- La energía solar es gratuita.
- La energía solar nunca se agotará.
- El uso de la energía solar implica la conservación de los **combustibles fósiles**.

Problemas de la energía solar

- No se puede obtener energía solar durante la noche y hay menos en días nublados.
- Los equipos solares cuestan mucho dinero.
- Se necesitan baterías costosas para almacenar la electricidad producida durante el día para poder utilizarla durante la noche.
- Las células solares no son muy **eficaces**.

Automóviles de propulsión solar

Éste es un automóvil experimental impulsado por energía solar (debajo). Está cubierto con células solares. Los automóviles solares no producen contaminación, a diferencia de los que funcionan con combustibles fósiles. Su funcionamiento es también más económico.

Energía de biomasa

La **energía de biomasa** proviene de energía almacenada en plantas vivas. Cuando las plantas se queman, liberan energía que se puede utilizar para generar electricidad.

Fotosíntesis

Las plantas verdes necesitan la luz del sol para crecer. Sus hojas verdes utilizan la energía lumínica solar y el dióxido de carbono gaseoso para convertirlos en azúcares. Las plantas utilizan la energía de los azúcares para crecer. Este proceso se denomina **fotosíntesis**.

Hacia la luz

Debido a que las plantas verdes necesitan la energía lumínica solar para crecer, las semillas siempre buscarán la luz. Si cultivas unas plantas de semillero en una caja oscura con una fuente de luz a un lado (derecha), los brotes girarán hacia la luz.

fotosíntesis   proceso por el cual las plantas producen alimentos utiliza la energía del sol

Cadenas alimenticias

Los animales no pueden producir sus propios alimentos como las plantas. Necesitan comer plantas u otros animales para obtener energía. Por ejemplo, los conejos comen plantas y los lobos comen conejos. La forma en que la energía pasa de plantas a animales se denomina **cadena alimenticia**.

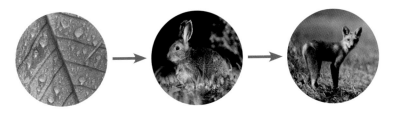

Redes alimenticias

Todas las cadenas alimenticias comienzan con una planta, ya que éstas obtienen su energía del sol. Cada una de las plantas es ingerida por distintos animales y la mayoría de los animales se alimenta de otros tipos de alimentos. Las diversas cadenas alimenticias del área pueden relacionarse entre sí para formar una **red alimenticia**.

Parte de la cadena

Muchos animales se alimentan de plantas que obtienen su energía a partir del sol. A continuación vemos cómo un león persigue a una cebra. Si el león atrapa y se come a la cebra, la energía del sol habrá pasado al león a través de la cadena alimenticia.

cadena alimenticia   cadena de seres vivos relacionados en función de lo que comen

Ecosistemas

Los científicos están interesados en averiguar de qué manera fluye la **energía** a través de las **cadenas alimenticias** y de las **redes alimenticias** en un **ecosistema**. Lo hacen mediante un recuento de la cantidad de plantas y animales de un área y también midiendo su peso.

Pirámides de números

La cantidad de seres vivos en una cadena alimenticia puede observarse en una gráfica de barras denominada pirámide de números. Cada barra representa la cantidad de un tipo de planta o animal. La barra de la parte inferior corresponde siempre a la planta con la que comienza la cadena alimenticia.

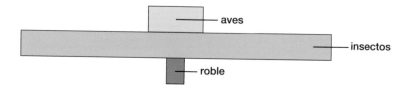

La pirámide de números anterior corresponde a *un roble* → *un insecto* → *un ave* en la cadena alimenticia. El roble proporciona alimento para muchos insectos, pero los insectos sólo alimentan a un número reducido de aves.

Pirámides de biomasa

Es posible dibujar otro tipo de pirámide que muestre la masa, también denominada peso, de los seres vivos de una cadena alimenticia. Éstas se llaman pirámides de **biomasa**.

La pirámide de biomasa para la cadena alimenticia del *roble* → *insecto* → *ave* se ve diferente a la pirámide de números. Si bien hay un solo roble, tiene una masa muy grande. Las aves pesan más que los insectos pero su cantidad es menor. Por lo tanto, su biomasa total es más pequeña.

aves

insectos

roble

Muestras

Este buzo (izquierda) está recogiendo algunos corales para pesarlos. A partir de esta información, podrá hacer una pirámide de biomasa.

biomasa masa total de seres vivos en cada nivel de la cadena

Quema de biomasa

El **biocombustible** es una forma útil de **energía renovable**. Se trata de materia de seres vivos que puede utilizarse como combustible. El biocombustible más común es la madera de los árboles.

Quema de madera

Hemos visto de qué manera las plantas utilizan la energía solar para crecer. Los árboles almacenan **energía química** en el tronco y en las ramas. Cuando se tala un árbol y la madera se quema, la energía química se transforma en energía calorífica y lumínica.

Árboles de rápido crecimiento

Suelen cultivarse álamos y sauces (arriba) para obtener biocombustible. La madera crece rápidamente y se puede cortar para obtener leña cada tres años.

biocombustible materia de los seres vivos, utilizado como recurso energético renovable

No contaminante

El consumo de biocombustible no representa un peligro para la **atmósfera** como lo hacen los **combustibles fósiles**. Esto es así porque a medida que los árboles crecen, extraen el dióxido de carbono de la atmósfera. Cuando se quema la madera, libera la misma cantidad de dióxido de carbono. El equilibrio del gas en la atmósfera no ha cambiado.

Centrales eléctricas que utilizan astillas

Pequeños trozos de madera, llamados astillas, se queman mucho mejor que los troncos grandes. Algunas **centrales de energía**, como la de Estados Unidos (debajo), ahora utilizan astillas.

atmósfera   capa de gases que rodea la Tierra

Otros biocombustibles

La materia de los seres vivos puede convertirse en **biocombustibles** en estado líquido, como el etanol. También puede convertirse en gases, como el metano. Estos combustibles suelen ser más útiles que la madera, ya que son una fuente más concentrada de **energía**.

Etanol

El etanol es un líquido claro incoloro que se quema con mucha facilidad. Es un buen combustible. Se consigue al **fermentar** los azúcares de la caña de azúcar en alcohol. Debido a que siempre pueden crecer cañas de azúcar nuevas, el etanol es un **recurso energético renovable**.

▲ En Brasil se mezcla etanol con gasolina para crear un combustible llamado gasohol (arriba).

Biodiésel

Las semillas de los cultivos de colza o canola (derecha) son ricas en aceite y pueden transformarse en un combustible líquido llamado biodiésel.

fermento cuando la levadura convierte los azúcares de la materia de la planta en dióxido de carbono y alcohol.

Beneficios de la energía de biomasa

• Es un recurso renovable y no se agotará jamás.

• No contribuye al **calentamiento global**.

Problemas de la energía de biomasa

• La madera ocupa mucho espacio. Genera mucho humo y cenizas al quemarse.

• La madera es más difícil de quemar que los **combustibles fósiles**.

• Las selvas mueren si no se plantan árboles nuevos.

• Los cultivos de biomasa cubren extensas áreas de tierra. Éstas podrían utilizarse para cultivar en lugar de para crear biocombustible.

Biogás

El estiércol animal emana un gas llamado metano a medida que se descompone. Este "biogás" se puede recoger y utilizar para cocinar y hasta para hacer funcionar las **centrales de energía** pequeñas. La siguiente imagen muestra un pequeño colector de biogás en India.

Energía eólica

▲ La gran cantidad de energía presente en la fuerza de los vientos **huracanados** puede arrancar árboles, destruir edificios y arrojar automóviles (arriba).

El viento también es un **recurso energético renovable**. La **energía cinética** del viento puede utilizarse para hacer funcionar todo tipo de máquinas. También puede convertirse en energía eléctrica.

¿De dónde proviene el viento?

El sol calienta la tierra. La tierra calienta el aire que hay sobre ella y el aire caliente comienza a elevarse. En otras partes del mundo, el aire se enfría y desciende. El aire frío se desplaza por la tierra para ocupar el lugar del aire caliente que asciende. Este movimiento de aire sobre la tierra se llama viento.

Barcos de vela

Los barcos de vela han utilizado la energía del viento para transportar mercancías alrededor del mundo durante siglos.

huracán   tormenta muy potente con vientos muy fuertes

Un recurso energético renovable

La energía del viento proviene de la energía calorífica del sol. En tanto el sol siga brillando y los vientos sigan soplando, podremos utilizar la energía del viento.

Windsurfing

Las personas que practican *windsurfing* utilizan la energía cinética del viento para tomar velocidad sobre la superficie del mar (izquierda).

Molinos de viento

Los molinos de viento utilizan la **energía cinética** del viento para hacer girar la maquinaria. Las velas de los molinos se dividen en dos o más **paletas**. Se tuercen o se inclinan levemente para poder atrapar el viento. Los molinos funcionan mejor cuando se colocan de frente al viento.

Bombear de agua

Con molinos de viento se puede extraer agua subterránea. En las granjas que están en zonas secas se utilizan bombas eólicas de acero (arriba) para llevar agua a la superficie.

Almacén de palabras   paleta   brazo giratorio de un molino o una turbina

Los primeros molinos

Los primeros molinos de viento se utilizaron para hacer girar la maquinaria que molía el trigo y producía harina. Este proceso se llama molienda. Desde entonces, se han utilizado molinos para diversas tareas.

Recuperación de tierras

En los Países Bajos se ha **recuperado** gran parte de la tierra que en el pasado estuvo bajo el mar. Esto se llevó a cabo al construir barreras más allá de la costa y posteriormente extraer el agua del mar. El agua se extrajo por medio de canales, por lo que la tierra quedó seca. Se utilizaron molinos de viento conectados a bombas de agua. Una vez construidos, los molinos de viento podían mantenerse en funcionamiento a muy bajo costo.

◀▼ Los molinos viejos, como éstos, se utilizaban para bombear agua y drenar la tierra o para moler granos y hacer harina.

Turbina eólica Savonius

La **turbina** eólica Savonius (arriba) se inventó en Finlandia en la década de 1920. Tenía una apariencia completamente distinta a la de los demás molinos. Estaba hecha de metal y paletas en forma de S, las cuales permitían que funcionara siempre independientemente de la dirección del viento.

recuperar   lograr que la tierra vuelva a ser útil

Electricidad del viento

Los molinos de viento modernos se llaman **turbinas eólicas**. La **energía** de las turbinas eólicas se utiliza para hacer girar los generadores y producir electricidad. Las turbinas eólicas modernas son mucho más **eficientes** que los molinos antiguos. Convierten más energía eólica en energía útil.

Son más rápidos

Los molinos de viento modernos deben girar muy rápido. Tienen dos o tres **paletas** delgadas que parecen los propulsores de un avión. Están colocadas sobre torres altas. Como las paletas se encuentran en torres, la tierra que está debajo aún puede utilizarse para la agricultura.

Granjas eólicas

En lugares donde sopla mucho el viento se contruyen muchas turbinas una al lado de la otra y de esa manera se crea una granja eólica. A algunas personas no les gusta vivir cerca de estas granjas eólicas porque pueden llegar a ser muy ruidosas.

▶ Esta moderna turbina eólica funcionará sea cual sea la dirección en la que sople el viento.

turbina   maquinaria que gira al mover el aire, el agua o el vapor

Beneficios de la energía eólica

- Las turbinas eólicas no necesitan combustible para funcionar.
- No generan ninguna **contaminación**.
- Una vez que se construyen las turbinas eólicas, los **costos de funcionamiento** son bajos.
- Las turbinas deben reemplazarse solamente una vez cada 25 años.

Problemas de la energía eólica

- Las turbinas eólicas funcionan únicamente en días ventosos.
- Deben cerrarse si el viento sopla demasiado fuerte.
- No todas las áreas son lo suficientemente ventosas para las **granjas eólicas**.
- A las personas no les agradan las granjas eólicas porque afean el paisaje campestre y son muy ruidosas.

Granjas eólicas de ultramar

Es posible construir granjas eólicas en el mar. Éstas se denominan granjas eólicas **de ultramar**. Las granjas eólicas de ultramar tienen todos los beneficios de la energía eólica y causan menos problemas. Sin embargo, construirlas es mucho más costoso. Ésta es una turbina eólica de ultramar (izquierda). La base descansa sobre el fondo del mar.

de ultramar   construido mar adentro

Energía del agua en movimiento

La **energía cinética** de las aguas en movimiento puede utilizarse para impulsar todo tipo de maquinaria, como **generadores** de electricidad.

El ciclo del agua

El agua de los mares, lagos y ríos se **evapora** y forma un gas llamado vapor de agua. El **vapor de agua** se eleva hacia el cielo, donde se enfría y se **condensa** en gotitas de agua. Estas gotitas se juntan y caen a la tierra en forma de lluvia. La lluvia corre por los ríos y luego llega a los mares. Esto se llama ciclo del agua.

▲ Los ríos siempre fluirán, por lo tanto son una buena fuente de energía **renovable**.

El ciclo del agua

La imagen de la derecha muestra el ciclo del agua. La energía calorífica del sol permite que el ciclo continúe.

condensación

evaporación

lluvia, nieve o granizo

calentado por el sol

el agua corre de la tierra a los océanos

Almacén de palabras   evaporación   cambio de estado líquido a gaseoso

La energía de los ríos

En tanto continúe lloviendo, los ríos fluirán y se utilizará la **energía** que hay en ellos.

Los molinos de agua se construyen cerca de los ríos. Se construye una rueda hidráulica a un lado del molino. La rueda hidráulica tiene **paletas** que atrapan el agua y hacen girar la rueda. Gira lentamente pero es muy potente. Las ruedas hidráulicas impulsan la maquinaria para moler trigo o bombear agua. En la antigüedad se construían muchos pueblos cerca de los ríos para que pudieran utilizarse las ruedas hidráulicas.

Estanques de molinos

Si no llueve y no hay agua en los ríos, la rueda hidráulica (abajo) no puede girar. Para solucionar este inconveniente, los molinos de agua contaban con estanques donde se almacenaba agua. Cuando el río estaba seco, se dejaba salir el agua del estanque para que girara la rueda hidráulica.

condensación   cambio de estado gaseoso a líquido

La central de energía Dinorwig

La central hidroeléctrica Dinorwig, en Gales, en el Reino Unido (arriba) genera electricidad durante el día. Durante la noche se utiliza electricidad económica para bombear agua al lago, que se usará al día siguiente.

Energía hidroeléctrica

El agua siempre fluye desde lugares altos a lugares bajos. Las **centrales hidroeléctricas** pueden transformar la **energía cinética** del agua en movimiento en **energía** eléctrica.

En la mayoría de las centrales hidroeléctricas se construye una **represa** a lo largo del río, para formar un lago. El agua sale del lago a través de conductos. Dentro de los conductos hay **turbinas** que hacen funcionar a **generadores** eléctricos. Cuanto más lejos y más rápido cae el agua, más energía cinética genera. Esta es la razón por la que las centrales hidroeléctricas se construyen en zonas montañosas donde llueve mucho.

represa barrera construida a lo largo del río para bloquearlo y así almacenar agua

La represa Hoover

La represa Hoover se construyó en el río Colorado al suroeste de los Estados Unidos en la década de 1930. Las turbinas generan toda la electricidad que necesita una cuidad de 750,000 habitantes. Durante las horas de mayor actividad corre suficiente agua entre las turbinas como para llenar quince piscinas por segundo.

Cataratas del Niágara

Las cataratas del Niágara (debajo) forman parte de un gran proyecto de energía hidroeléctrica. Dos centrales hidroeléctricas extraen agua del río antes de las cataratas.

Lago Mead

Ésta es la represa Hoover (debajo). El **embalse** que se encuentra detrás de la represa es el lago Mead. Tiene un área de 229 millas cuadradas (593 kilómetros cuadrados).

generador   máquina utilizada para generar electricidad

Energía de las mareas

El movimiento de las mareas también se utiliza para generar electricidad. El movimiento produce energía que se almacena en el agua del mar, la cual se mueve con las mareas todos los días.

La **gravedad** de la luna atrae hacia ella el agua de los mares de la tierra. Esto hace que aumente el nivel del mar en los lugares en que la tierra está de cara a la luna. Así se forman las mareas altas. En otros lugares, el nivel del mar desciende, produciendo una marea baja. A medida que gira la tierra, se producen mareas altas y bajas en diferentes lugares de la Tierra durante el día y la noche.

El dique más grande

El dique de contención contra mareas más grande del mundo se encuentra en La Rance, Francia (debajo). Tiene casi media milla (750 metros) de largo. Genera tanta electricidad como una pequeña central de energía. Puede suministrar energía a 20,000 hogares.

gravedad   fuerza que hace que los objetos caigan

Diques de contención contra mareas

Para utilizar la **energía cinética** del agua de una marea se construye un gran dique llamado **dique de contención**. Los conductos del dique de contención permiten la entrada y la salida del agua. El movimiento de las aguas permite que las **turbinas** giren. Las turbinas accionan los **generadores** de energía.

Algunos diques de contención contra mareas sólo generan electricidad mientras la marea baja. Otros, como el de La Rance, Francia (izquierda), también generan electricidad mientras la marea sube.

Macareos

En algunos ríos sucede algo raro cuando la marea sube. El mar empuja las aguas del río corriente arriba, generando una fuerte ola llamada macareo. Los macareos pueden desplazarse algunas millas (varios kilómetros) tierra adentro. Y hasta se puede practicar surf sobre ellos (debajo).

dique de contención represa extensa construida a lo largo de una bahía o desembocadura de un río

Energía de las olas

El movimiento de las olas posee mucha **energía cinética**. Podemos utilizar la energía de las olas para generar electricidad.

Movimientos ascendentes y descendentes

Cuando las olas del océano llegan a la playa, se encrespan y rompen. Sin embargo, en aguas más profundas, el agua sólo sube y baja. Éste es el movimiento que utilizan los simuladores de olas. Los científicos aún intentan encontrar la mejor forma de captar la energía de las olas.

Boyas

Las boyas Salter's Duck son generadores de olas que suben y bajan sobre la superficie del mar. Al hacerlo, transforman la energía del agua en energía que acciona un generador de electricidad. El Salter's Duck (debajo) es un tipo de diseño de boya.

▲ Los surfistas utilizan la energía cinética de las olas para practicar surf a altas velocidades.

Beneficios de los dispositivos impulsados por agua

- No necesitan combustible para funcionar.
- No generan ninguna **contaminación**.
- Su funcionamiento es económico.
- No se dañan con frecuencia.
- Las **represas** y los **diques de contención** también pueden utilizarse como puentes.

Problemas de la energía hidroeléctrica

- Las represas y los lagos pueden destruir hogares y vida silvestre.
- Los costos de construcción son muy elevados.
- La electricidad se genera lejos del lugar donde se necesita, por lo que debe transportarse mediante muchos cables.
- Detrás de las represas se acumula lodo. Esto las hace menos útiles.

Máquinas fijas

"Las máquinas fijas" son máquinas que generan olas y que están fijas en un lugar. Éste es el Limpet, una máquina que genera olas, construida en la isla escocesa de Islay. Genera suficiente electricidad para 300 viviendas.

¿Qué sigue?

Sabemos que, hagamos lo que hagamos, los **combustibles fósiles** se agotarán algún día. Sin embargo, siempre y cuando la energía calorífica y lumínica de sol lleguen a la tierra, jamás se agotarán los **recursos energéticos renovables**. En el futuro, todas las necesidades de energía del mundo deberán provenir de recursos renovables.

Grandes proyectos

Muchos de los proyectos de energía renovable son muy grandes. Algunos de ellos, como la construcción de **represas** y **diques de contención** cambiarán el **medio ambiente**. ¿Son estos proyectos una buena idea para el futuro?

Hágalo usted mismo

Las células solares de este edificio de oficinas generan toda la electricidad que necesita el edificio durante el día. Sería bueno que hubiera más hogares y empresas que pudieran utilizar la energía solar para generar la electricidad que ellos mismos consumen.

Almacén de palabras   renovable   no se agotará y puede reemplazarse

Diseños pequeños

Hay muchas formas de crear diseños a pequeña escala para utilizar recursos energéticos renovables. Los paneles **solares** pueden colocarse fácilmente en los techos para calentar el agua. Pueden crearse pequeñas **turbinas** eólicas y células solares en las paredes y los techos de los edificios para generar electricidad. En la actualidad se están inventando muchas piezas pequeñas de equipos impulsados por recursos energéticos renovables.

En el futuro es probable que veamos una interesante combinación de recursos energéticos renovables que proporcionen energía al mundo entero.

Microcentrales hidroeléctricas

Ésta es una **microcentral hidroeléctrica** en Escocia (debajo). Utiliza el agua de un río pequeño para proporcionar electricidad a una pequeña población. El agua vuelve al río corriente abajo; por lo tanto, no se daña el medio ambiente.

Descubre más

Organizaciones

Departamento de Energía de los EE.UU.

Ahorro de energía y Energía renovable

Este sitio ofrece información general muy útil sobre las tecnologías de energía renovable disponibles en la actualidad. Descubre cómo comprar electricidad pura, obtener energía a partir de los residuos y lograr que tu casa ahorre más energía.

Pide que un adulto te ayude a comunicarte con ellos en inglés:
Energy Efficiency and Renewable Energy
Mail Stop EE-1
Department of Energy
Washington, DC 20585
(202) 586-9220

Bibliografía

Parker, Steve. *Solar Power (Science Files: Energy)*. Milwaukee: Gareth Stevens, 2004.

Saunders, Nigel y Steven Chapman. *Combustibles fósiles (Sobre la energía)*. Chicago: Raintree, 2008.

Sneddon, Robert. *Energy Alternatives (Essential Energy)*. Chicago: Heinemann Library, 2001.

Búsqueda en la Internet

Para obtener más información acerca de combustibles fósiles, puedes realizar búsquedas en la Internet utilizando palabras clave como éstas:

"energía renovable"
"energía alternativa"
biodiesel y biomasa
"energía de las mareas"
"energía de la olas"

Puedes encontrar tus propias palabras clave utilizando las palabras de este libro. Estos consejos te ayudarán a encontrar sitios web útiles.

Consejos para la búsqueda

Hay miles de millones de páginas en la Internet. Puede resultar difícil encontrar exactamente lo que buscas. Estos consejos te ayudarán a encontrar sitios web útiles más rápidamente:

- Debes saber lo que quieres averiguar.
- Utiliza palabras clave simples.
- Utiliza entre dos y seis palabras clave en cada búsqueda.
- Utiliza sólo nombres de personas, lugares o cosas.
- Utiliza comillas dobles para encerrar las palabras que van juntas, por ejemplo: "energía de las olas"

Dónde buscar

Motor de búsqueda

Los motores de búsqueda buscan en millones de páginas de sitios web. Listan todos los sitios que coinciden con las palabras del cuadro de búsqueda. Verás que las mejores coincidencias aparecen en primer lugar en la lista, en la primera página.

Directorio de búsqueda

En lugar de una computadora, una persona ha clasificado un directorio de búsqueda. Puedes realizar tus búsquedas por palabra clave o por tema y buscar en los diferentes sitios. Es como buscar en los libros de los estantes de una biblioteca.

Glosario

absorber incorporar

aislado cubierto por un material que reduce la pérdida de calor

atmósfera capa de gases que rodea la Tierra

biocombustible materia de los seres vivos, utilizado como recurso energético renovable

biomasa masa total de seres vivos en cada nivel de la cadena alimenticia

cadena alimenticia cadena de seres vivos relacionados en función de lo que comen

calentamiento global calentamiento adicional de la Tierra causado por un efecto invernadero cada vez mayor.

central de energía lugar donde se genera electricidad

combustible fósil combustible que proviene de los restos de plantas y animales fosilizados

concentrar centralizar en un solo lugar

condensación cambio de estado gaseoso a líquido

contaminación sustancias nocivas en el aire, el agua o la tierra

contraerse achicarse y ocupar menos espacio

costo de funcionamiento costo que implica mantener los equipos en funcionamiento

de ultramar construido mar adentro

dique represa extensa construida a lo largo de una bahía o desembocadura de un río

ecosistema grupo de animales, plantas y el lugar donde habitan

efecto invernadero efecto por el cual la atmósfera se mantiene caliente al atrapar el calor

eficiente bueno en la función que cumple sin derrochar energía

embalse lago extenso que se encuentra detrás de una represa, el cual se utiliza para almacenar agua

energía capacidad de realizar trabajo. La luz, el calor y la electricidad son tipos de energía.

energía cinética energía de los objetos en movimiento

energía hidroeléctrica electricidad que se obtiene con la energía del movimiento del agua

energía química energía almacenada en los químicos

evaporación cambio de estado líquido a gaseoso

expandir agrandar

fermento cuando la levadura convierte los azúcares de la materia de la planta en dióxido de carbono y alcohol

fosilizado convertido en piedra

fotosíntesis proceso por el cual las plantas producen alimentos utilizando la energía del sol

generador máquina utilizada para generar electricidad

granjas eólicas muchas turbinas eólicas colocadas en un solo lugar

gravedad fuerza que hace que los objetos caigan

huracán tormenta muy potente con vientos muy fuertes

lluvia ácida lluvia que contiene sustancias que dañan a la construcciones y los seres vivos

medio ambiente el mundo que nos rodea

mineral sustancia que necesitan las plantas y los animales para mantenerse saludables

no renovable algo que va a agotarse algún día y que no se puede reemplazar

paleta brazo giratorio de un molino o turbina

pasivo algo que sucede sin utilizar maquinaria o energía extra

recuperar lograr que la tierra vuelva a ser útil

recurso energético fuente o depósito de energía, como la energía hidroeléctrica y el carbón.

red alimenticia dos o más cadenas alimenticias vinculadas

reflectar reflejar luz

renovable no se agotará y puede reemplazarse

represa barrera construida a lo largo del río para bloquearlo y así almacenar agua

satélite objeto que gira alrededor de un planeta

smog mezcla de humo y niebla

solar todo lo relacionado con el sol

turbina maquinaria que gira al mover el aire, el agua o el vapor

vapor de agua agua en forma de gas

Índice